LETTRE

A M. LE DIRECTEUR DU NATIONAL,

ou

EXAMEN

DES

DOCTRINES POLITIQUES

DU NATIONAL, DU GLOBE, DE LA GAZETTE DE FRANCE
ET DU JOURNAL DES DÉBATS.

Paris.

IMPRIMERIE DE DAVID,

BOULEVART POISSONNIÈRE, N° 6.

1830.

LETTRE

À M. LE DIRECTEUR DU NATIONAL,

OU

EXAMEN

DES DOCTRINES POLITIQUES

DU NATIONAL, DU GLOBE, DE LA GAZETTE DE FRANCE ET DU JOURNAL DES DÉBATS.

—————

Monsieur,

En lisant, dans *le National* du 21 avril, l'article intitulé: *Nouvelle réponse à un grand argument,* j'ai remarqué que vous ne vous faisiez pas une idée bien nette du caractère propre à la république et de celui qui est inhérent à la monarchie. Ainsi, par exemple, vous regardez comme le gouvernement parfait, comme la monarchie par excellence, la démocratie royale, cette forme de gouvernement où le *veto* du Roi n'est que suspensif, et dont nous avons fait en 1791 un essai si malheureux. Ce genre de gouvernement n'est qu'un état de passage qui mène droit à la république. Aussi la Gazette de France vous a-t-elle accusé avec raison de montrer une grande prédilection pour cette dernière forme de gouvernement.

La preuve méthodique des assertions que je viens de vous adresser réclamerait de longs développemens. Vous les trouverez dans un ouvrage intitulé : *Considérations sur la politique et sur les circonstances actuelles*, (1) que j'ai eu l'honneur de vous faire parvenir. Je me borne ici à observer que, quand les intérêts de la classe moyenne prédominent exclusivement, ou quand les intérêts relatifs à la propriété sont représentés en masse, sans égard à l'étendue plus ou moins grande de la propriété, le Gouvernement *est républicain*. Quand ce sont les intérêts des classes supérieures, le Gouvernement est *aristocratique*. Enfin, quand les intérêts des prolétaires sont protégés et défendus au préjudice de ceux des propriétaires, le Gouvernement est *despotique*. Sont-ils défendus avec modération et sans oppression des propriétaires ? on a la *royauté* pure, héréditaire et absolue.

Lorsque les situations sociales que nous venons d'indiquer, au lieu d'être représentées chacune exclusivement, le sont concurremment, savoir : les propriétaires en général par la Chambre des Députés, les grands propriétaires par la Chambre des Pairs, les prolétaires par le Roi, qui réunit à cet avantage celui d'être le dépositaire unique du *pouvoir exécutif*, on jouit du *gouvernement*

(1) 2ᵉ édition, Paris, in-8°, 1822, chez Delaunay et Wibert, au Palais-Royal.

LETTRE

À M. LE DIRECTEUR DU NATIONAL,

OU

EXAMEN

DES DOCTRINES POLITIQUES

DU NATIONAL, DU GLOBE, DE LA GAZETTE DE FRANCE ET DU JOURNAL DES DÉBATS.

Monsieur,

En lisant, dans *le National* du 21 avril, l'article intitulé: *Nouvelle réponse à un grand argument,* j'ai remarqué que vous ne vous faisiez pas une idée bien nette du caractère propre à la république et de celui qui est inhérent à la monarchie. Ainsi, par exemple, vous regardez comme le gouvernement parfait, comme la monarchie par excellence, la démocratie royale, cette forme de gouvernement où le *veto* du Roi n'est que suspensif, et dont nous avons fait en 1791 un essai si malheureux. Ce genre de gouvernement n'est qu'un état de passage qui mène droit à la république. Aussi la Gazette de France vous a-t-elle accusé avec raison de montrer une grande prédilection pour cette dernière forme de gouvernement.

La preuve méthodique des assertions que je viens de vous adresser réclamerait de longs développemens. Vous les trouverez dans un ouvrage intitulé : *Considérations sur la politique et sur les circonstances actuelles*, (1) que j'ai eu l'honneur de vous faire parvenir. Je me borne ici à observer que, quand les intérêts de la classe moyenne prédominent exclusivement, ou quand les intérêts relatifs à la propriété sont représentés en masse, sans égard à l'étendue plus ou moins grande de la propriété, le Gouvernement *est républicain*. Quand ce sont les intérêts des classes supérieures, le Gouvernement est *aristocratique*. Enfin, quand les intérêts des prolétaires sont protégés et défendus au préjudice de ceux des propriétaires, le Gouvernement est *despotique*. Sont-ils défendus avec modération et sans oppression des propriétaires? on a la *royauté* pure, héréditaire et absolue.

Lorsque les situations sociales que nous venons d'indiquer, au lieu d'être représentées chacune exclusivement, le sont concurremment, savoir: les propriétaires en général par la Chambre des Députés, les grands propriétaires par la Chambre des Pairs, les prolétaires par le Rôi, qui réunit à cet avantage celui d'être le dépositaire unique du *pouvoir exécutif*, on jouit du *gouvernement*

----

(1) 2ᵉ édition, Paris, in-8°, 1822, chez Delaunay et Wibert, au Palais-Royal.

représentatif, ainsi nommé parce que tous les intérêts sociaux sont défendus et représentés, ce qui rend impossible l'oppression d'aucune classe par une autre.

Pour mieux faire entendre ma pensée, j'ajouterai: que la *république* n'est possible que dans les états où tous les citoyens sont propriétaires;

Que le Gouvernement aristocratique est appelé par la nature des choses partout où les prolétaires sont nombreux;

Enfin, que dans les pays où les prolétaires sont en très-grand nombre, la *royauté*, qui les protège et les contient à la fois, devient une institution nécessaire, indispensable, et le seul boulevart qu'on puisse élever contre les désordres populaires.

Dans la plupart de vos raisonnemens, vous considérez la *nation*, le *pays* (on eût dit autrefois le *peuple*) comme une masse homogène ayant pour organe naturel la Chambre des Députés. De là vous arrivez à conclure que tout doit ployer devant la volonté bien constatée des électeurs. Vous placez ainsi dans le corps électoral la souveraineté qui réside seulement dans la réunion des trois pouvoirs. Vous commettez, en sens contraire, la même faute que *la Gazette de France*, qui pense qu'en définitive tout doit céder à la volonté royale suffisamment éclairée. En effet, *la Gazette* considère le Roi comme l'arbitre suprême, le souverain, le représentant exclusif de la nation, le juge en dernier ressort et sans appel de toutes les questions politiques.

Trois situations bien distinctes se partagent la nation. La classe moyenne des propriétaires, les grands propriétaires et les prolétaires; chacun de ces intérêts réclame un genre de défense spécial.

Ils sont représentés par les trois pouvoirs qui, en cas de dissentiment, doivent indispensablement s'accorder, se concilier, se faire volontairement et mutuellement des sacrifices.

Un pouvoir, à moins de s'annuller, de se détruire, ne saurait céder, c'est-à-dire, faire à lui seul tous les frais de la réconciliation, tandis que les autres pouvoirs demeureraient immuables dans leurs prétentions.

En fait de loi, toutes les mesures prises par un seul pouvoir, Roi ou Chambre, sans l'assentiment et l'acceptation des deux autres, ne saurait être obligatoire.

Pour obtenir obéissance, il faut donc qu'ils se concertent ensemble, consentent, transigent, arrivent, dans toutes les questions, à un accord raisonnable et pacifique, à un terme moyen, à un juste milieu, à l'unanimité (1). Ce résultat est

---

(1) On objectera peut-être que les partis, au lieu de se concilier, appèlent l'anarchie à leur secours. Nous répondions que ce n'est qu'en désespoir de cause et quand les

inévitable, quelque animées que soient les discussions qui les divisent. Nous en avons pour garant la peur de l'anarchie, qui les réunira bientôt dès qu'ils sentiront le sol trembler sous leurs pas (1). Je dis plus, dans tout Gouvernement bien pondéré et sagement constitué, on s'accorde toujours, long-temps avant d'arriver à cette redoutable extrémité.

Au reste, comme l'absence du budget serait incontestablement la première voie par laquelle le désordre et l'anarchie s'introduiraient dans l'état, il pouvait être intéressant d'apprécier, dans une situation donnée, si c'était le Roi ou la Nation qui avaient le plus besoin d'impôts, l'un pour gouverner, l'autre pour être administrée. De là cette question : quel est des trois pouvoirs celui qui a l'intérêt le plus pressant à

---

intérêts auxquels ils sont attachés ne sont point représentés dans l'État. Or, nous avons établi plus haut que dans le gouvernement représentatif tous les intérêts étaient représentés.

(1) Quand le dey d'Alger est mort, l'élection de son successeur est faite à *l'unanimité* par les vingt mille Turcs qui composent la milice, et qui en viennent souvent aux mains pour décider quel est le candidat qui sera proclamé ! Ce qui rend ces scènes sanglantes sans danger pour cette turbulente aristocratie, c'est que la nécessité de l'union contre les indigènes rallie toujours les factions rivales. (Voyez le *Globe*, du 21 avril, 3ᵉ article sur Alger.)

terminer une lutte qui, une fois engagée, mettrait toutes les parties de l'État dans une extrême souffrance? La recherche dont il vient d'être fait mention a été l'objet d'un petit écrit intitulé du *Refus du Budget* (1). Il vous a été adressé.

Vous alléguez qu'il n'y a pas de gouvernement qui ne relève d'une classe quelconque d'individus, qui ne soit influencé par elle et qui ne représente à un certain point la nation dont il fait partie. C'est ce que je n'ai garde de contester. Tout gouvernement représente la nation à laquelle il appartient. Mais les bons gouvernemens la représentent bien, c'est-à-dire, complètement, les autres mal, c'est-à-dire, incomplètement, et en sacrifiant une portion des citoyens à une classe d'individus exclusivement privilégiés. Dans vos idées, vous voudriez que cette classe privilégiée et souveraine fût celle qu'offre la réunion des quatre-vingts mille électeurs. C'est ce que je ne saurais admettre, car alors il s'en suivrait que le Roi et la Chambre des Pairs ne représentent rien.

En résumé, pour juger en peu de mots les discussions auxquelles se livrent nos feuilles publiques; je dirai donc que *le National*, *la Gazette* et *le Journal des Débats* ont tort de croire:

Le premier, que la Chambre des Députés

---

(1) Chez Delaunay et Wibert, au Palais-Royal.

puisse suppléer par l'appui du corps électoral au concours du Roi et de l'autre Chambre.

La seconde, que le pouvoir royal puisse se passer du concours des Chambres ou en créer un à sa guise.

Le troisième, que la Chambre des Députés et la Chambre des Pairs aient le droit de forcer l'assentiment du Roi, de l'amener par contrainte à céder à leurs vœux.

Si un de ces cas pouvait arriver, la constitution serait faussée, et il y aurait une réaction dangereuse, parce que de grands intérêts seraient lézés. Au lieu de trois pouvoirs, il n'y en aurait plus que deux, ou bien qu'un seul. Au lieu de trois situations sociales représentées, il n'y en aurait plus que deux, ou même une seule suffisamment protégée. On ne serait donc plus sous le régime représentatif.

Je m'empresse d'ajouter qu'au nombre des sacrifices et des concessions nuisibles à l'autorité royale, il ne faut point ranger les changemens de ministres, quand leur renvoi a lieu, non sur la sommation des Chambres, mais par l'impossibilité où ils se trouvent de faire accepter leurs projets de lois. Il en est de même de la prorogation et de la dissolution des Chambres; ce sont des moyens de conciliation que la Charte a réservés entre le Roi et les Chambres. La royauté peut en user sans danger, et sans autres ménagemens que ceux que prescrivent le bon sens et la prévoyance, chaque fois que les trois pouvoirs, dont l'accord constitue la souveraineté, sont en dissentiment sur la manière d'envisager les grands intérêts de l'Etat.

Je dirai encore que *le National* a eu tort d'affirmer que *le Roi cédera* (feuille du 3o avril). Les pouvoirs s'accordent, s'arrangent, transigent, avisent, mais ne cèdent pas. Entre s'accorder et céder, il y a toute la distance d'une révolution. La politique n'est que la représentation et la conciliation des intérêts ; or, la conciliation admet indispensablement le libre arbitre des parties contractantes. Au compte du *National,* toutes les fois qu'un projet de loi serait repoussé ou un amendement rejeté, on serait autorisé à dire que le Roi a cédé. Ce langage est inconvenant, inconstitutionnel, anti-parlementaire. Puisque toutes les propositions émanent du Roi, il faut bien, à moins d'être sous le despotisme, que les corps constitués aient la faculté de refuser. Si la proposition impliquait l'acceptation, il n'y aurait plus de liberté.

On ne met plus en doute aujourd'hui que les feuilles ministérielles et celles de l'opposition n'aient eu grand tort de faire du renvoi des ministres, question secondaire s'il en fut jamais, et dont il ne fallait pas s'occuper, une affaire d'Etat au premier chef.

J'ajoute que *la Gazette de France* a eu raison de dire que les deux cents vingt-un membres de la Chambre des Députés qui ont voté l'adresse ont commis un excès de pouvoir, en déclarant au Roi qu'il n'y avait pas de concours possible ou présumable entre la Chambre et les ministres. En jugeant ces derniers, la Chambre est sortie de ses attributions; les projets de loi sont seuls de sa compétence. L'opinion de M. Benjamin Constant(1)

---

(1) Une adresse qui déclare les Ministres indignes de la confiance publique, n'est qu'un cri de vengeance. Aucun tribunal n'existe pour prononcer sur la déclaration dont il s'agit. Cette déclaration est un acte d'hostilité sans résultat fixe et nécessaire. Cette déclaration est, en troisième lieu, une attaque directe à la prérogative royale; elle dispute au Prince la liberté de ses choix. Quand vous accusez les Ministres, ce sont eux seuls que vous attaquez; mais quand vous les déclarez indignes de la confiance publique, le Prince est inculpé dans ses intentions ou dans ses lumières, ce qui ne doit jamais arriver dans un gouvernement constitutionnel.

L'essence de la Royauté dans une monarchie représentative, c'est l'indépendance des nominations qui lui sont attribuées. Il faut donc lui laisser cette prérogative intacte et respectée. Il ne faut jamais lui contester le droit de choisir. Il ne faut pas que les assemblées s'arrogent le droit d'exclure, droit qui, exercé obstinément, implique à la fin celui de nommer.

On ne m'accusera pas, je pense, d'être trop favorable à l'autorité absolue, mais je veux que la royauté soit investie de toute la force, entourée de toute la vénération qui lui sont nécessaires pour le salut du peuple et la dignité du trône.

La déclaration que l'on propose deviendra une formule

et celle de M. Royer-Colard (1), citée dans *la Ga-zette* du 24 avril, ne laissent aucun doute à cet égard, et *la Gazette* a eu raison de dire que c'é-tait à la tribune qu'on devait faire tomber les mi-nistres.

Elle a eu tort de dire que les deux cents vingt-un votans étaient frappés de forfaiture ; les pou-voirs sont inviolables et, constitutionnellement parlant, infaillibles.

Elle a eu tort de diré que les deux cent vingt-un membres qui ont voté l'adresse ne sont plus rééligibles, et d'autant plus tort de persister dans cette assertion imprudente, que les corps électo-raux, par une sorte d'orgueil inhérent à la faiblesse humaine, résistent rarement à la tentation de faire

---

sans conséquence, ou une arme entre les mains des fac-tions. (M. Benjamin Constant. *Principes de Politique appli-cables à tous les gouvernemens representatifs et particulière-ment à la Charte de* 1814. Chez Eymery.)

(1) Le jour, dit M. Royer - Collard, où il sera établi en fait que la Chambre peut repousser les ministres du Roi, et lui en imposer d'autres qui seront ses propres ministres, et non les ministres du Roi ; ce jour-là, c'en est fait, non-seulement de la Charte, mais de notre Royauté, de cette Royauté indépendante qui a protégé nos pères, et de la-quelle seule la France a reçu tout ce qu'elle a jamais eu de liberté et de bonheur..... Ce jour-là, nous sommes en république.

(*Discours de M. Royer-Collard, session de* 1817.)

acte d'indépendance en nommant ceux que le Gouvernement a l'air de défendre d'élire.

Voici à peu près comment s'y prend *la Gazette de France* pour colorer les raisonnemens qu'elle présente au public :

Quand la Chambre des Députés refuse de concourir avec le Roi à la confection des lois, la volonté royale, suffisamment éclairée, doit prédominer et avoir force de loi, attendu qu'il faut que tout débat ait une solution définitive. Il y a présomption légale que la volonté royale soit suffisamment éclairée, lorsque le Roi a rassemblé les deux Chambres, lorsqu'il les a dissoutes, lorsqu'il les a convoquées de nouveau et encore une fois dissoutes, sans avoir pu s'accorder avec elles. Nos adversaires allégueront-ils que le Roi a des ministres qui l'obsèdent et le trompent? Mais n'est-ce pas lui qui les a choisis ? n'est il pas entouré de quatre cent trente députés, d'environ trois cents pairs, et de tout ce que la France possède d'hommes illustres et distingués? Enfin la liberté de la presse et celle de la tribune ne font-elles pas arriver jusqu'au trône toutes les opinions et la connaissance des moindres événemens? L'administration toute entière ne vient-elle pas aboutir au Roi? N'est-il pas à portée d'apprécier mieux que qui que ce soit, les vœux, les besoins et les résistances du pays? Quel intérêt a-t-il à mal faire? Le bonheur de-la France n'est-il pas le sien? Électeurs prenez bien garde ! Si vous ne voulez pas que le Roi use du pouvoir constituant qui réside dans l'article 14 de la Charte, de ce pouvoir justifié par la nécessité, et en vertu duquel le chef de l'Etat a le droit d'empêcher la Monarchie de tomber en dissolution et d'être la proie des factions, envoyez au Roi des députés qui ne lui refusent pas leur concours et qui soient disposés à coopérer avec lui à la félicité de la France. Si vous renommez les deux cent vingt-un votans, c'en est fait ; vous mettez le Roi dans la nécessité de s'armer du pouvoir constituant. Au nom de la liberté et de la Charte, ne réduisez pas la couronne à cette extrémité !

Voici au contraire le langage du *National* :

La Chambre des Députés représente le pays, puisqu'elle est élue par l'élite des propriétaires. En cas de dissidence avec le ministère, sa volonté doit triompher, mais sa volonté suffisamment éclairée. Il y aura présomption que la Chambre sera suffisamment éclairée, lorsque les ministres l'auront convoquée, consultée, dissoute, recomposée plusieurs fois, autant de fois qu'ils l'auront voulu, lorsqu'ils auront épuisé sur elle tous les genres de séduction et d'influence dont ils peuvent disposer. Après tant d'épreuves successives, quand la volonté du pays sera bien éclairée, bien constatée, quand il sera bien avéré qu'elle est incompatible avec les vues et les personnes des ministres, il faudra bien que ceux-ci se retirent devant l'opinion, en reconnaissant qu'ils n'ont pas la confiance de la France et qu'ils sont impropres à en faire le bonheur. Peut-on douter que la volonté de la Chambre n'ait l'ascendant et qu'elle ne finisse par tout entraîner ? Elle est maîtresse, aux termes de la Charte, de refuser le budget. Or, sans impôt, l'Etat ne peut pas vivre.

Tels sont les argumens de la *Gazette* et ceux du *National.* Eminemment spécieux, ils sont en opposition avec la Charte, et l'on ne saurait trop en faire ressortir le danger.

La *Gazette* considère les Chambres comme des conseils, comme la forme du gouvernement du Roi. Or, la forme, selon elle, ne saurait emporter le fond.

Suivant le *National*, la Royauté et la Chambre des Pairs sont seulement des points d'arrêt dont la résistance, utile pour empêcher l'effervescence d'un premier mouvement, doit céder en définitive à la voix réfléchie de la nation (1).

Chacune des deux feuilles se flatte d'avoir pour elle la Chambre des Pairs. L'une, à raison de l'intérêt qu'ont les Pairs à soutenir la cause du trône; l'autre, à cause de la terreur que les Pairs éprouveraient à se mettre en dissidence avec la Chambre des Députés, représentant le pays.

De part et d'autre, on tombe dans une erreur capitale, contre laquelle il importe de se prému-

---

(1) C'est aussi l'opinion du *Globe.*

nir ; savoir : Que telle circonstance peut arriver où le Roi, la Chambre des Pairs et celle des Députés, incapables de s'accorder, manqueront au pacte d'alliance et entreront en hostilité. Or, la Charte défend de prévoir ce cas , puisqu'elle établit, article 15, comme une vérité politique fondamentale, « que le pouvoir législatif s'exerce col-« lectivement par le Roi, la Chambre des Pairs « et la Chambre des Deputés (2). »

Toute loi qui n'émanerait pas de l'accord des trois pouvoirs n'aurait donc point le caractère légal. Supposer qu'il puisse en exister de telles, admettre la violation, la destruction de la Charte, c'est remplacer l'accord libre par l'accord forcé; c'est dénaturer la forme du Gouvernement. En effet, si l'un des pouvoirs est forcé, quel Français conservera sa liberté ?

Qu'on n'allègue pas ici la dictature réservée par l'article 14 de la Charte. La dictature n'est qu'une application, un développement du pouvoir exécutif, dans des cas d'urgence où les Chambres, ne pouvant être rassemblées, ni délibérer avec maturité, il s'agit, pour sauver l'Etat, de ne pas se laisser arrêter par la lettre de la loi. Le dictateur ne peut faire que des ordonnances,

____

(2) La Charte veut le concours des Chambres avec le gouvernement, autrement point de gouvernement. (Royer-Collard, janvier 1817.) C'est-à-dire anarchie.

c'est-à-dire des réglemens provisoires, qui cessent d'être obligatoires, à moins de ratification définitive, après que le calme est rétabli. Jamais dictateur n'a fait de *loi* proprement dite; jamais il n'a prélevé d'impôt. Tout au plus, dans l'ordre des idées nouvelles sous lesquelles nous vivons, pourrait-il contracter un emprunt. En effet, il ne saurait entrer dans les attributions d'une magistrature temporaire d'enchaîner l'avenir par ses décisions.

Telle est la nature du pouvoir dictatorial, résultant de l'article 14 de la Charte. Il ne doit pas être confondu avec le pouvoir constituant, en vertu duquel la Charte a été donnée. Louis XVIII a donné la Charte en vertu du *pouvoir absolu*; la légitimité de ce dernier n'a été contestée par personne, parce que le monarque législateur, appréciant et prévoyant tous les obstacles naturels, a fait de ce pouvoir l'organe impartial de tous les intérêts nationaux, parce qu'il en a usé avec une extrême sagesse pour faire un traité de paix, un pacte éternel de conciliation, cimenté par des sermens solennels, entre des prétentions rivales, réduites à l'impuissance de s'accorder, épuisées par un long combat, prêtes à périr par l'anarchie, et ne demandant qu'un arbitre qu'elles ont eu le bonheur de trouver dans leur Roi. Mais ces circonstances critiques, où un pays, lassé de ses longues dissensions et devenu passif pour ainsi dire, abdique toute volonté pour écouter, au milieu des tempêtes, la voix imposante d'un Solon, d'un Lycurgue, d'un Louis XVIII, ne se reproduisent qu'à longs intervalles dans la vie des nations. C'est beaucoup si l'on compte un législateur par mille ans. Il ne saurait être nécessaire de toucher souvent aux fondemens d'un grand édifice. D'ailleurs, depuis la promulgation de la Charte, la royauté s'est créé des limites qu'elle a promis de respecter. De son aveu, le pouvoir absolu ne réside plus en elle; elle ne peut donc s'en prévaloir.

Maintenant, après quinze ans de restauration, la seule affaire des trois pouvoirs est de se concilier, de se mettre en harmonie.

Accélérer, ramener l'accord, au lieu de se plaire à l'écarter, prouver qu'il est aussi indispensable que facile, telle doit être la tâche de tout écrivain ami de son pays.

J'ai démontré que l'unanimité entre les pouvoirs ne pouvait manquer d'avoir lieu; qu'on la voyait s'accomplir dans des cas bien autrement difficiles que ceux où nous sommes; que si, contre toute attente, on n'obtenait pas promptement cet heureux résultat, les Français ne pourraient en accuser qu'eux-mêmes.

Que le changement des ministres, dont certains esprits s'alarment à l'excès, comme si depuis la restauration nous n'avions pas vu passer au pouvoir plus de cinquante ministres, n'est qu'une condition naturelle du gouvernement représentatif, un moyen de conciliation réservé par la Charte. *Le Globe* a dit avec raison qu'il faut que le ministère soit mobile pour que la royauté soit stable; et *la Gazette* elle-même : « les hommes ne sont rien, le système est tout. »

Qu'un ministère dont la présence exciterait des discussions trop animées, et dont les projets n'obtiendraient pas la majorité, sentira de lui-même l'impossibilité de rester en place et prendra le parti de se retirer sans que le Roi ait besoin de le congédier, ni les Chambres d'en demander le renvoi.

Que le refus du budget, d'après les témoignages historiques qu'on a pu rassembler, n'avait eu lieu jusqu'à présent que lorsque les Princes avaient demandé à leurs peuples de nouveaux impôts en augmentation de ceux qui existaient déjà. Ainsi, ce n'est point à l'aide du vote des dépenses ordinaires, mais par le vote des dépenses extraordinaires et des sommes nécessaires pour combler les déficits, que s'achètent les concessions qui troublent l'équilibre de l'État, affaiblissent la royauté et finissent par la faire tomber sous la dépendance des corps qui accordent l'impôt. Arrêtons-nous sur cette réflexion, qui offre aux amis de l'ordre un grand motif de sécurité, et au pouvoir une grande leçon.

Je termine cette lettre en jetant un coup d'œil sur les doctrines du *Globe*, et en rappelant ici l'idée qu'il se forme de la *souveraineté*, qu'il place dans la *raison*, et dont il considère la Chambre des Députés comme l'organe le plus assuré. Sous ce dernier rapport, il partage à-peu-près l'opinion du *National*, qui, plus fort que lui en politique, et parconséquent plus en harmonie avec la vérité, s'attache uniquement à envisager les *intérêts* et accorde à la propriété une influence beaucoup plus grande que ne fait *le Globe*. Voici comment s'exprime cette dernière feuille, dans un article du 11 mai 1830 :

« Si par un mécanisme commode (la Chambre des Députés) cette nation d'élite pouvait
» sans trouble et sans confusion porter son jugement sur toutes choses; si, de peur qu'elle
» ne le précipitât, d'autres pouvoirs étaient là
» *pour lui donner le temps de réfléchir*, ne
» pourrait-on pas dire que le problême est à-peu-près résolu et que la raison est souveraine,
» autant qu'elle peut l'être? Or, voilà précisément
» ce qu'ont voulu la Charte et la loi électorale
» existante..... La raison seule est souveraine....

» Prendre l'intelligence partout où elle se
» trouve, et lui assurer une part réelle au pouvoir, tel est le vrai moyen de rendre la *raison*
» *souveraine*. Tel doit être parconséquent le but
» de toute constitution. »

Le but de toute constitution est non le triomphe de la raison pure, mais la défense et le maintien de la propriété et la protection de tous les intérêts généraux, en entendant ceux-ci de manière qu'aucun intérêt particulier ne soit injustement lésé.

En logique, la souveraineté réside dans la raison.

En morale, dans la vertu.

En politique, dans le pouvoir législatif, et celui-ci dans la réunion des membres du corps politique, ou, quand ils ne peuvent être réunis, dans la réunion et le concours de leurs représentans, soit choisis par voix d'élection, soit acceptés par consentement tacite, ou tels que les offre l'hérédité.

En matière de religion, la souveraineté réside dans la volonté de Dieu, et il en serait de même en tout le reste; c'est-à-dire, que nous serions régis par le droit divin, si Dieu n'eut donné à l'homme la souveraineté sur la terre et sur tout ce qu'elle renferme, en l'autorisant à en disposer suivant les conditions générales qu'il lui a plu d'imposer, et dans lesquelles ne sont pas comprises les diverses formes de gouvernement.

J'ai l'honneur de vous saluer, Monsieur, avec une parfaite considération.

B.

18 *mai* 1830.

NATIONAL DU 21 AVRIL 1830.

Paris, 20 *avril.*

NOUVELLE RÉPONSE A UN GRAND ARGUMENT.

Nous avons déjà répondu au grand argument découvert par *la Gazette* contre les 221, elle y revient aujourd'hui et cherche à abuser de notre réponse en la défigurant; nous avions cependant rapporté son argument avec une bonne foi qu'elle même reconnaît, et nous aurions droit de nous attendre à voir rapporter nos raisonnemens avec plus de fidélité; au reste, peu nous importe la manière dont on les présente et les travestit, nous répondons uniquement de ce qui est dans nos colonnes, et non des fragmens isolés qu'on peut en extraire.

Tout le monde sait, depuis quelques jours, quel est le grand argument dont il s'agit : la Chambre, dit-on, a été constituée pour concourir avec le Gouvernement du Roi, elle n'existe que pour cela; une Chambre qui refuse de concourir, va contre le principe de son institution, elle abdique, elle s'abolit. De là, exclusion des 221.

Nous avons répondu, en distinguant entre concourir et coopérer; il faut coopérer, nous avons dit; concourir n'est pas nécessaire : *la Gazette* trouve la distinction puérile. Assurément il est puéril de discuter sur des choses pareilles ; nous le savons, nous l'avons dit nous-mêmes, car les discussions politiques descendent ainsi à des discussions grammaticales ; mais, est-ce notre faute si on invente des puérilités, et si, pour y répondre, il nous faut descendre à des distinctions de mots, plus dignes de l'école que du monde politique ?

Mais nous sommons nos adversaires de s'expliquer bien nettement sur les points suivans.

La Chambre est-elle tenue de concourir, c'est-à-dire, de consentir à toute proposition royale quelle qu'elle soit ?

Ou bien, n'est-elle tenue que de se réunir à la parole du Roi, d'être assidue aux discussions, de se mettre à portée, enfin, de les juger, sauf à voter ensuite selon son sentiment ?

Qu'on réponde à ces deux questions !

Si la Chambre est tenue de concourir, alors, nous en convenons, la distinction entre concourir et coopérer n'a aucune signification, et la Chambre qui a voté dans un sens contraire aux propositions royales n'a ni concouru, ni coopéré, n'a pas fait ce qu'elle avait à faire, et a manqué au principe de son existence ; elle s'est abolie.

Mais alors, le Gouvernement est absolu, avec un simple ornement, dans le style représentatif, qui est le style du jour.

Si la Chambre n'est pas tenue de consentir, mais uniquement d'examiner et de se mettre à portée de juger ; alors, la distinction entre concourir et coopérer est d'une

signification importante. Coopérer est d'obligation, concourir ne l'est pas.

Or, la Chambre a coopéré puisqu'elle s'est assemblée,
qu'elle a entendu le discours de la couronne et y a répondu.

Nous ne connaissons qu'une objection à faire à ce qui
précède, objection d'ailleurs fort mauvaise.

La Chambre, peut-on dire, n'a pas reçu de proposition qu'elle ait pu approuver ou condamner, elle a déclaré qu'elle refusait son concours, elle l'a déclaré d'une
manière générale, avant d'avoir à juger aucune proposition ? C'est donc sa coopération qu'elle a refusé au
Gouvernement.

C'est encore là une subtilité misérable, la Chambre
n'a pas dit qu'elle repousserait toute proposition, qu'elle
ne voudrait, ni les écouter ni les voter ; point du
tout.

Chaque session s'ouvre par un programme, par un
énoncé général de la politique du Gouvernement. Le
Gouvernement, en énonçant sa pensée générale, oblige
la Chambre à énoncer la sienne. Eh bien! à une pensée,
la Chambre a répondu par une autre ; on lui a dit ou
laissé voir qu'on ne se confiait pas à elle, elle a répondu
de même et déclaré que ses vues ne concouraient pas
avec celles du ministère. Si elle n'avait ni écouté, ni
discuté, ni répondu, on pourrait dire qu'elle n'a ni
concouru, ni coopéré; mais elle a écouté, puis répondu
à sa façon, il est vrai, ce qui est son droit : elle a en effet le même droit dans l'énoncé général de sa pensée que
dans le vote de chaque proposition une à une; de même
qu'elle doit voter, sauf à voter contre, elle doit répondre
aussi, sauf à répondre contre.

La question est donc toujours là . la Chambre doit-elle adhérer, dans tous les cas, ou seulement examiner, et voter ensuite à son gré ?

Si la dernière proposition est la vraie, alors, concourir et coopérer sont deux choses très-différentes ; alors, concourir n'est pas d'obligation, coopérer suffit, alors nous avons répondu, très-suffisamment répondu, en distinguant ces deux choses.

Tout cela, encore une fois, est subtil ; nous en sommes fâchés ; mais la faute n'est pas à nous, elle est à ceux qui cherchent à tout prix des argumens nouveaux contre l'évidence. Or, il n'y a que deux espèces d'argumens contre l'évidence, la déclamation furibonde, ou la subtilité. *La Gazette* a, cette fois, préféré la dernière espèce, et force a été de lui répondre.

CONSÉQUENCE.

Passons aux conséquences de tout cela, c'est ici que *la Gazette* fait grand bruit de nos doctrines; le bruit ne nous fait pas peur. Ces grands caractères employés à reproduire certaines de nos phrases ne nous effraient pas, nous demandons seulement qu'on n'isole point l'expression de nos pensées.

La Chambre destitue les ministres, avons-nous dit, c'est-à-dire *les renverse*; on a supprimé, en nous citant, ce dernier membre de phrase, qui explique ce que nous avons dit, et le rend de toute évidence : car, ou il n'y a pas de Gouvernement représentatif au monde, ou un ministère doit tomber devant la majorité ; le contraire est le Gouvernement absolu, n'est pas même le Gouvernement absolu, n'est rien du tout; il n'y a pas, en effet,

de pays sur la terre où un ministère universellement mé-
prisé, haï, contrarié, tienne au pouvoir, même en Asie.

La Gazette cite ensuite toute les conséquences de nos
opinions, conséquences qu'elle avait préalablement ti-
rées elle-même, que nous avons acceptées en lui répon-
dant, et que nous acceptons encore, à la condition de ne
pas voir isoler ni tronquer nos expressions.

Les conséquences de cette opinion sont que la Chambre, pouvant refuser son concours à un ministère, le
renverse ; qu'il ne peut en exister d'autre que celui
qu'elle approuve ; qu'en lui accordant son concours, à
condition, elle l'oblige à gouverner dans son sens ; que
si ses exigences paraissent non fondées à la royauté, la
royauté demande au pays une autre Chambre ; que le
pays en envoye une composée comme il l'entend, et
que si la nouvelle est de l'avis de l'ancienne, cet avis
doit prévaloir ; qu'ainsi il existe une autorité définitive
qui termine tout différent politique.

On appellera cela comme on voudra, avons nous dit,
monarchie, ou *république,* peu nous importe; la Gazette
se récrie à ces mots, les répète avec affectation, et dit
que c'est la république que nous proclamons.

Veut-on savoir pourquoi nous disons que peu nous
importe la manière dont on appelle ce Gouvernement?
c'est que le mot n'emporte pas la chose, et que cette
monarchie reste une monarchie, et ne devient pas une
république, quoiqu'on affecte de lui en donner le nom.
Voilà pourquoi nous montrons cette indifférence pour
les mots ; car si la chose changeait par les mots et de-
venait une république, nous n'en voudrions pas, parce
que nous sommes libéraux, très-libéraux, et non républicains: nous allons nous expliquer nettement à ce sujet,

La monarchie avec les conditions que nous lui imposons, et en vertu desquelles le pays, en refusant son concours à un ministère, le renverse s'il lui est contraire, ou en l'adoptant l'oblige à gouverner suivant son vœu, la monarchie avec ces conditions devient-elle république ?

Voilà la question au fond, voilà celle sur laquelle nous tenons à nous placer, pour répondre à ce reproche banal de républicanisme, qui nous convient moins qu'à personne ; car nous avons la prétention d'être tout à fait monarchiques, non pas, il est vrai, par des attachemens personnels, mais par conviction de l'excellence *mécanique* de cette forme de Gouvernement.

Si tout Gouvernement qui en définitive relève de la volonté du pays est une république, tous les états sont républicains ; car tous, jusqu'aux états despotiques, relèvent de la volonté du pays, exprimée par les discours de tribune ou des coups de poignards.

Nulle part, le chef d'un Etat ne relève de lui-même. A Rome, disions-nous, hier, le despote relevait des prétoriens ; à Constantinople, des janissaires ; à Saint-Pétersbourg, des strelitz ; à Rome moderne, des prêtres ; à la cour de Louis XV, des femmes et des courtisans : et ce n'est pas une exagération, c'est l'exacte vérité ; nulle part un homme n'est le maître absolu des autres hommes ; s'ils dépendent de lui, il dépend d'eux aussi. Si cette dépendance constatait l'état républicain, tous les états seraient républicains ; mais ce qui différencie l'état despotique de l'état libre, c'est que la dépendance réciproque est violente dans l'état despotique, douce et régulière dans l'état libre. A Constantinople, le souverain fait tomber la tête d'un sujet, et les sujets réunis viennent lui demander la sienne. C'était ainsi à Rome, et c'est ainsi encore en beaucoup d'endroits du globe. Dans un état libre, le souverain ne peut tuer personne, et ne peut pas être tué; il subit l'opinion, mais exprimée d'une manière douce et respectueuse; il est sûr de sa vie, comme les sujets sont sûrs de la leur.

L'indépendance du souverain n'existe donc nulle part, sa dépendance existe partout.

Il y a par conséquent folie à nous dire qu'on fait une république en voulant que le pays soit l'autorité défi-nitive et dernier ressort, puisque cela est partout, avec la seule différence d'un peu plus ou un peu moins de douceur et de régularité.

Quelle est donc la différence entre la république et la monarchie? La différence est uniquement dans le nombre de ceux qui exécutent. Dans la monarchie, tous veulent, un seul exécute, non pas directement, mais par des agens. Dans la république, c'est plusieurs, ou bien, si c'est un seul, c'est d'une manière temporaire, accidentelle, etc.; et c'est en quoi nous trouvons la mo-narchie excellente. Comme nous l'avons dit, le plus grand nombre possible veut, et le plus petit nombre exécute; c'est là la grandre, l'immense différence. Le pouvoir aux mains d'un seul, la volonté venant de tous, voilà le meil-leur des gouvernemens, voilà la monarchie représen-tative.

Ne dites donc pas qu'en faisant du pays l'autorité dé-finitive, nous ferons une république? Qu'est-ce en effet que notre assertion, si ce n'est cette assertion vulgaire, et tellement ancienne que vous n'osez pas la nier, vous, nos adversaires, c'est que l'opinion est la reine du monde? Or, qu'est-ce que l'opinion, si non la volonté de tous? Eh bien! c'est cette opinion, exprimée dans les colléges qui, en définitive, doit faire céder la royauté elle-même. Nous serions républicains si nous souhaitions plusieurs dépositaires du pouvoir exécutif, au lieu d'un; si nous voulions que ce dépositaire fût électif, au lieu d'héréditaire qu'il est. Alors vous auriez raison; mais ce n'est point notre avis, nous le souhaitons unique, héréditaire, inviolable : unique, parce que, s'il faut étendre la délibération, il faut, au contraire, concentrer l'exécution; héréditaire, pour éviter les luttes épouvantables de l'ambition; inviolable, parce que l'hérédité ne suffirait pas, si un ambitieux, en frappant le souverain, pouvait se mettre à sa place; mais au-dessous de lui nous plaçons un ministère responsable, qui agit, et qui doit être puni s'il agit mal, qui gouverne véritablement à ses risques et périls et sous la main du pays, toujours levée sur sa tête.

Nous serions républicains encore si, en accordant l'unité, l'hérédité, l'inviolabilité, nous démembrions la prérogative royale; si nous donnions l'initiative, le droit de paix et de guerre, ou telle autre attribution, aux Chambres, nous serions, non pas républicains, nous serions des anarchistes, des ignorans, ne comprenant pas la composition de l'autorité exécutive, qui doit consister à tout prévoir, tout proposer, à prendre l'initiative en toute chose, à guerroyer, à négocier, à administrer. Mais nous comprenons la nécessité de cette réunion de pouvoirs, nous les groupons dans les mêmes mains, pour qu'ils restent concentrés, comme leur nature l'exige; toutefois nous les faisons exercer sous le contrôle et la sévérité des Chambres et du pays.

Quand donc nous voulons l'unité, l'hérédité, l'inviolabilité dans le dépositaire de l'autorité exécutive, quand nous voulons réunir dans cette même autorité, l'initiative, le droit de paix et de guerre, l'admininistration, la sanction, la dissolution, nous ne sommes point des républicains; il s'en faut. Il est vrai, que cette vaste autorité, nous la faisons exercer sous le contrôle et la dépendance suprème du pays, c'est-à-dire de l'opinion, mais c'est là la condition commune à tous les États; aucun ne peut s'y soustraire. En somme, il faut dépendre, ou des prétoriens, ou des janissaires, ou des courtisans, ou des électeurs : les derniers sont assurément les moins dangereux à subir.

Le contraire est le pouvoir absolu tout net, car, nous le répétons, si, après le vote d'une Chambre et cette Chambre dissoute, après le vote du pays, le Roi ne se rend pas, persiste dans son opinion et reste le maître, alors la Chambre, le pays, sont réduits à un vote consultatif; leur intervention n'est qu'un délai apporté à la volonté Royale, et le Gouvernement est absolu. Or, si le Gouvernement est absolu, il marche vers cette manière d'être où la manifestation de l'opinion, au lieu d'être régulière et douce, devient inégale et terrible. Y avait-il rien de plus tempéré par les mœurs que l'autorité absolue de Louis XV et de Louis XVI ? Elle a cependant fini par la révolution ; la volonté générale, qu'on ne voulait pas subir, a été subie un peu plus tard, d'une manière désastreuse.

Ou nous nous trompons, ou ce sont là des pensées claires comme le jour.

Nous sommes libéraux, nous ne sommes pas républicains.

FIN.